AF230179

ENTRETIEN

D'UN MAIRE

ET D'UN

ÉLECTEUR

BRIONNE

IMPRIMERIE ET LIBRAIRIE V. DAUFRESNE

—

1876

ENTRETIEN

D'UN MAIRE ET D'UN ÉLECTEUR

Je dois au hasard d'avoir entendu la conversation suivante entre un honorable maire de ma connaissance et un électeur de ses amis. Si je la reproduis, avec leur permission, ce n'est pas qu'elle diffère de beaucoup d'autres, tenues sur les questions du moment. Les interlocuteurs m'ont paru vouloir, de bonne foi, s'éclairer mutuellement, et exprimer des idées utiles et pratiques. On peut s'étonner que je n'aie pris aucune part à leur entretien ; mais c'est ainsi que j'ai pu l'apprécier avec impartialité et qu'il m'est permis de le recommander en toute liberté à la bienveillante attention des lecteurs.

L'Electeur. — Eh bien ! mon cher Maire, selon toute apparence vos collègues du Conseil municipal, qui ont confiance en vous, ainsi que tous vos administrés, vous délégueront pour la nomination des Sénateurs.

Le Maire. — Je n'en sais rien, et je ne le désire pas.

L'Electeur. — L'accord n'existe-t-il plus entre le Conseil municipal et vous ? En ce cas, il ne vous resterait, en effet, qu'à faire le meilleur usage de votre propre voix.

Le Maire. — Non, ce n'est pas ce que je veux dire.

L'Electeur. — Qu'a donc le mandat de délégué qui vous effraie ? Ce n'est pas une grosse affaire d'aller mettre à Evreux deux noms sur un bulletin.

Le Maire. — Vous savez que je ne regarde pas à la peine. Un Maire fait tous les jours le sacrifice de son temps, de ses intérêts et de ses habitudes, sans qu'il soit besoin pour cela de l'indemnité de voyage allouée aux électeurs sénatoriaux.

L'Electeur. — Quelle autre chose vous préoccupe ?

Le Maire. — Ce n'est jamais facile de choisir les personnes.

Comme il serait tout-à-fait imprudent de juger les gens sur leur mine et même sur leur langage, j'ai pris le parti de les juger sur leurs actes. S'ils dirigent avec intelligence et probité leurs affaires ou celles qu'on leur confie, j'en conclus qu'ils pourraient au besoin s'occuper sagement de celles du pays.

L'Electeur. — Parfaitement, et pourquoi n'appliqueriez-vous pas votre excellente méthode ?

Le Maire. — D'abord, je ne connais les candidats proposés que de réputation. Les hommes valent tantôt moins, tantôt mieux que leur renommée. L'opinion publique se laisse parfois égarer par des attaques injustes ou intéressées.

L'Electeur. — Puisque vous êtes en garde, ne craignez pas de vous tromper. Un homme averti en vaut deux.

Le Maire. — Ce qui surtout va rendre difficile le choix de nos mandataires, c'est que leur capacité et leur moralité ne seront pas, dit-on, la question principale à résoudre et qu'il faudra d'abord faire en eux choix d'une opinion.

L'Electeur. — C'est beaucoup dire. Il est vrai cependant que de l'avis de certaines personnes, nous serions dans une situation provisoire et qu'il en faudrait sortir pour rétablir soit l'une soit l'autre des formes de gouvernement précédemment expérimentées et disparues.

Mais il s'agit de savoir si de telles impressions sont exactes, et, sous prétexte de nous soustraire à des dangers éventuels, si on ne nous exposerait pas à des dangers certains.

Le Maire. — Quoi qu'il en soit, les élections prochaines sont graves. A tort ou à raison, sous une forme ou sous une autre, des candidats impatients pourront demander au pays ce qu'il pense de la voie où il est engagé.

Je ne suis plus tout jeune. J'ai vu passer bien des hommes et bien des événements. Quand j'avais moins d'expérience, j'étais moins frappé de la conséquence de mes actes, et je prenais plus facilement mon parti.

Depuis trente ou quarante ans que je vote j'ai vu toutes mes décisions critiquées par mes concitoyens ou bien brisées par les révolutions.

Me suis-je trompé ? je ne l'ai pas voulu. Il me répugne de de le croire. Maintenant je préfère laisser d'autres à leur tour courir les risques et assumer la responsabilité.

L'Electeur. — Vous oubliez le pays. Au lieu de mettre à son service une expérience péniblement acquise dans les épreuves, vous voulez que d'autres acquièrent la leur à nos dépens. Les erreurs qu'ils commettraient ne seraient que de tardives et inutiles leçons.

Le Maire. — Voulez-vous que je supprime les années que j'ai vécues ? Les nouveaux venus peuvent avoir l'esprit plus libre que moi.

L'Empire nous a rendu des services, je lui en ai rendu. Son souvenir se présente à moi comme celui d'un gouvernement régulier. On est tenté, quand on est prudent, de préférer le connu à l'inconnu.

D'autre part, le pays est tranquille, aussi heureux qu'il peut l'être, notre gouvernement est honnête, il a à sa tête le plus brave soldat, et l'homme le plus loyal de France; j'ai donc confiance en lui, et suis disposé à écouter ses conseils.

Vous voyez ce qui m'embarrasse.

L'Electeur. — Je comprends vos doutes, bien que je ne les partage pas.

L'Empire a laissé à beaucoup d'honnêtes gens qui l'ont servi ou qui ont paisiblement fait leurs affaires pendant sa durée, des souvenirs d'autant meilleurs qu'eux-mêmes figurent pour une part dans les votes qui l'ont établi et maintenu, ou dans l'administration qui a contribué à son fonctionnement. La nature humaine est ainsi faite qu'on se dit : Malgré tout cette chose ne pouvait être mauvaise puisque j'en étais, et que mes affaires ont réussi. D'autres gouvernements déchus ont laissé à la génération qui les avait connus les mêmes souvenirs. Cela est tout naturel et souvent même honorable.

D'autres personnes qui n'approuvaient pas les doctrines et la politique de l'Empire, ne se sont pourtant pas associées à ceux qui tentaient de le renverser, parce qu'elles préféraient son amélioration aux immenses malheurs d'une révolution.

Maintenant qu'il est tombé, la question, la seule pratique,

est de savoir s'il est bon pour la France, de travailler ou de se prêter à son rélèvement.

Le Maire. — Précisément. Pourquoi ce qui a eu des avantages n'en aurait-il plus ? Pourquoi ce qui a été accepté ne serait-il plus acceptable ?

L'Electeur. — Parce qu'après la maladie il faut le repos ; parce qu'il faut soigner une blessure et non l'aggraver.

Le Maire. — La comparaison n'est pas claire.

L'Electeur. — Vous allez voir. Chaque gouvernement a sa tradition, comme chaque homme a son caractère ou plutôt son tempérament. Cette tradition est sa raison d'être, son programme, sa force, car c'est par là qu'il attire une partie de la nation. Elle devient parfois sa faiblesse, car c'est par là qu'il se montre dangereux et impossible.

Le Maire. — Voulez-vous dire, par exemple, que la tradition républicaine est jacobine ?

L'Electeur. — Assurément. Les diverses républiques ont jusqu'alors procédé par la violence et l'émeute sanglante ; elles ont inspiré la terreur, à ce point, que le mot de république s'associe dans beaucoup d'esprits à d'effrayantes pensées. Les républicains sages et de raison doivent redouter cette tradition compromettante plus que toutes les dynasties et ses partisans comme leurs pires ennemis. Ils la répudient ; ce n'est pas assez ; il leur faudra la combattre ou succomber sous son poids.

Le Maire. — Oh oui, de ce côté je suis défiant. Je demanderai des preuves évidentes et répétées de conversion pour y croire. M. Thiers n'a-t-il pas dit : la république sera conservatrice ou elle ne sera pas ?

L'Electeur. — N'est-ce pas sa tradition qui a perdu la Restauration et rendu impossible en octobre 1873 le rétablissement de la monarchie ?

Le Maire. — Si la monarchie devait être aristocratique et cléricale, mieux vaudrait pour elle et pour nous qu'elle ne revînt jamais. Il serait désastreux de ranimer nos anciennes querelles.

L'Electeur. — Vous prononcez-là des mots irritants et

meurtriers dont on a abusé pour accabler le parti royaliste,
de même qu'on abuse aujourd'hui contre des libéraux du re-
proche de radicalisme.

Le Maire. — Ce n'est pas ma seule opinion que j'exprime.
Ne la trouvez-vous pas fondée ?

L'Electeur. — Oui, mais ces dangers ne sont plus à craindre. Les monarchistes pour la plupart se recueillent. Nous
sommes à notre aise pour en parler puisque dans la lutte
présente, ils se mettent en quelque sorte hors de cause comme
parti, et agissent surtout comme conservateurs.

Ceux qui apportent leur concours au Maréchal savent que
le gouvernement républicain aura d'autant plus de chances
de s'établir qu'il sera mieux dirigé. L'épreuve pourra tour-
ner contre leurs préférences. Ils pensent d'abord à leur pays
avec lequel l'accord n'a pas eu lieu, mais qui ne peut se passer d'un gouvernement. Le pire des maux c'est l'anarchie.

Si d'ailleurs la France un jour par goût ou pour son salut
devait changer de voie, les monarchistes feraient bien de se
présenter à elle avec une tradition adoucie et modifiée.

Le Maire. — Les croyez-vous hommes à modifier leur tradition ? Ils venaient de traverser de cruelles épreuves quand
on en a dit qu'ils n'avaient rien oublié et rien appris.

L'Electeur. — Cette épigramme n'a jamais pu atteindre
que des esprits excessifs, plus royalistes que le roi. La plupart des gentilshommes ne vivent plus en émigrés à l'intérieur. Ils viennent à la vraie source de l'influence et de l'expérience politiques — les affaires publiques — chaque jour
en plus grand nombre ils y prennent part.

Le Maire. — C'est vrai, j'en ai plusieurs pour collègues et
il en est qui se sont acquis toute notre estime et notre sym-
pathie.

L'Electeur. — En effet, de ce rapprochement sont nées des
appréciations réciproques plus équitables et plus bienveil-
lantes. Les fils de toutes les familles se rencontrent sous l'u-
niforme, et s'il reste à la noblesse une prétention, c'est de
payer largement cette dette du sang que j'aime mieux appeler
la dette du courage.

Le Maire. — C'est encore vrai. Elle va au feu comme au plaisir. Mais au fond elle garde rancune non-seulement à la révolution et à ses excès, ce qui serait légitime, mais à l'organisation sociale qui en est sortie.

L'Electeur. — Elle ne lui fait pas trop mauvais visage. Tout feu s'éteint et les cœurs changent.

Et puis tous les monarchistes ne sont pas animés du même esprit; unis sur le principe d'hérédité, ils obéissent sur d'autres points à des tendances diverses, comme les *tories* et les *whigs*, en Angleterre. Depuis que les princes d'Orléans, dont le caractère moderne est notoire, sont rentrés dans la situation plus modeste, mais plus digne, d'héritiers de la vieille et illustre maison de France, ils forment avec les partisans du régime constitutionnel un élément correctement monarchique et libéral dont l'influence ne pourra que s'étendre.

Le Maire. — A ce propos, je me souviens qu'au temps de M. Guizot on disait le roi Louis-Philippe et ses fils plus conciliants que les ministres et que s'ils avaient été écoutés la Révolution de Février ne serait pas arrivée.

L'Electeur. — En d'autres termes, sans beaucoup s'aventurer et par imitation du mot de M. Thiers, on peut dire que la monarchie sera constitutionnelle ou qu'elle ne sera pas.

Le Maire. — Je vois bien comment elle pourrait être constitutionnelle.

Mais comment se défendrait-elle de l'autre grief sur lequel nos populations même les plus honnêtes et les plus paisibles ne transigent pas. Nous comprenons parfaitement que l'Eglise a droit à la protection et même au concours budgétaire du Gouvernement, puisque ses biens ont été confisqués par la nation. Aussi ne prenons-nous pas de part au débat sur la séparation de l'Eglise et de l'Etat. Mais nous voulons la séparation de la mairie et de la cure. Il est arrivé que des prêtres, d'ailleurs fort honorables, ont franchi ou manifesté le désir d'étendre la limite du domaine religieux.

L'Electeur. — Ce n'est pas à la monarchie qu'on peut l'imputer.

Le Maire. — Ce n'est pas non plus à l'Empire, car sous ce rapport nous n'aurions rien à craindre de lui.

L'Electeur. — Pardon. L'Empire s'est beaucoup et trop mêlé d'affaires religieuses. Il l'a fait de la manière la plus décousue et la plus contradictoire.

Tantôt il a provoqué le dépouillement et l'ébranlement de la Papauté. La création du royaume d'Italie a rompu l'équilibre européen et causé nos désastres. Le danger dont les intérêts religieux étaient menacés a jeté l'Eglise dans la lutte. Or, la lutte est toujours vive quand il y va de la conscience et de la foi.

Tantôt, à l'intérieur, l'Empire s'est prêté à la propagande des idées dont vous vous plaignez. Il lui convenait sans doute d'abattre du même coup les modérés de la politique et ceux de la religion, qui constituaient sinon absolument le même parti, du moins la même famille d'esprits.

Mais puisque nous parlons de l'Empire, examinons à son tour sa tradition et demandons-nous si elle convient désormais aux intérêts de la France ?

Le Maire. — Sa tradition, telle que je la comprends, c'est l'autorité. Sans doute il serait bon d'exercer un contrôle efficace sur nos affaires. Comme particulier, je serais fort inquiet, après avoir confié à un mandataire des pouvoirs tels qu'il puisse, d'un moment à l'autre, me ruiner à mon insu. Mieux vaudrait certainement que la France eût l'œil et la main sur la direction gouvernementale qui est pour elle question de vie ou de mort, de perte ou de salut. Les événements l'ont bien prouvé.

Mais nos mœurs démocratiques et nos esprits mobiles ne se prêtent guère à des combinaisons politiques exigeant des caractères réfléchis et modérés. En ce cas un maître armé d'un pouvoir énergique, est nécessaire; et, à ce point de vue, l'Empire était notre affaire.

L'Electeur. — Par malheur, les inconvénients de la tradition impériale que vous venez d'indiquer ne sont pas les seuls. Il devrait suffire de nos désastres pour nous convaincre que ces inconvénients sont immenses et que la tradition es fatale. Mais, j'ajoute que son élément principal n'est pas l'autorité, c'est la guerre.

Le Maire. — Oh ! la guerre peut être un fait, parfois nécessaire, mais elle ne saurait être un procédé de gouvernement, ni dès lors une tradition de gouvernement.

L'Electeur. — Sans doute, la guerre ne devrait être qu'un fait, accepté parfois comme une cruelle nécessité. Sur les questions d'honneur national ou de légitime défense tout le monde est d'accord.

Mais, il y a des gouvernements pour lesquels la guerre est un procédé, périlleux mais obligatoire, pour lesquels elle est une impérieuse tradition.

Le Maire. — Je vous écoute.

L'Electeur. — Le premier Empire est né de la guerre et des glorieuses victoires de son fondateur. Il a péri par la guerre et l'invasion. C'était inévitable. Il n'était pas besoin de la sagacité de M. de Talleyrand pour lui prédire son sort. Il en est des nations comme des individus. Si l'on s'expose sur les champs de bataille jusqu'à ce qu'on y trouve la mort, elle ne vous fuit pas toujours.

Le Maire. — Oui, mais les héritiers du premier Empereur ne sont plus des généraux de profession. Pourquoi auraient-ils plus que tout autre monarque la passion des armes ?

L'Electeur. — Ils l'ont bien prouvé qu'ils ne sont plus des généraux ; l'empereur Napoléon III en dirigeant mal ses armées ; son cousin en ne montrant jamais au feu l'uniforme de général qu'il portait dans les salons. Et cependant le second Empire n'a pu se soustraire à sa tradition belliqueuse. Il est né de la légende et de l'auréole formées autour du nom d'un grand guerrier. Le prince Louis-Napoléon n'eut été rien par lui-même si le prestige de son oncle ne s'était reflété sur lui. La nation a salué en lui la gloire et la grandeur du premier Empire.

Le Maire. — Le prince Louis-Napoléon, au début de son règne, ne se croyait pas obligé de subir la tradition militaire et le périlleux exemple de son oncle. Il a dit à Bordeaux : l'Empire, c'est la paix.

L'Electeur. — Précisément. Je crois comme vous que ni les idées philosophiques, ni le caractère rêveur de l'Empereur Napoléon III ne le portaient à la guerre. Elle n'était pas dans ses intentions. Et c'est ce qui démontre l'impérieuse fatalité de la tradition. Pour ne pas démériter de la fameuse légende et pour satisfaire des partisans turbulents ou ambitieux, le second Empire a fait sans cesse la guerre.

Guerres de Crimée, de Cochinchine, de Syrie, de Chine.

Le Maire. — Et d'Italie et du Mexique.

L'Electeur. — Enfin la guerre contre l'Allemagne.

Le Maire. — Oh ! celle-là était nécessaire, et le pays entier, amis et adversaires de l'Empire l'y ont poussé.

L'Electeur. — Sans doute elle était nécessaire ; mais parce qu'une succession inouïe de fautes avait créé la puissance de la Prusse. Et l'épuisement des arsenaux et de l'armée a fait que la seule guerre nécessaire n'a pas été soutenue comme elle aurait dû l'être.

Le Maire. — Malgré tout, sous l'Empire, l'agriculture et l'industrie ont en général prospéré et la population s'est à peine aperçue des guerres qui ont précédé l'invasion allemande.

L'Electeur. — Ces guerres avaient été lointaines. Les hommes qui n'en revenaient pas n'étaient plus là pour se plaindre, et ils étaient oubliés ; les autres rapportaient avancement ou profit.

Le Maire. — Si l'Empire abusait du sang et de la richesse de la France, comment expliquer l'accroissement des salaires et du bien-être qui s'est produit ?

L'Electeur. — Cet accroissement a suivi sa marche normale ; il s'est manifesté *avant*, *pendant* et aussi *depuis* l'Empire. La France est si laborieuse et s'applique si activement à réparer ses pertes, qu'elle a travaillé au lendemain de la guerre et même pendant la Commune.

L'essor le plus rapide a été vraiment donné par l'Empire aux dépenses improductives de faste et de luxe. Il a prodigué les économies nationales faites sous les règnes précédents.

Il a trouvé la dette de la France de 8 milliards, et l'a laissée de 23 milliards.

Le Maire. — La population ne se rend pas compte de certaines de ces choses. Elle est presque reconnaissante à l'Empire de quelques belles récoltes dont il n'a évidemment pas été l'auteur.

L'Electeur. — Mais on a vu, en 1874, que le ciel, dans son impartialité, a accordé, même en temps de république, la plus belle récolte obtenue depuis trente ans.

Le Maire. — Il y a aussi des gens qui croient ou qui répètent que l'Empereur Napoléon III n'a été vaincu que parce qu'il a été trahi.

L'Electeur. — Trahi par ses forces, par ses talents, peut-être ! Mais il n'a eu rien à reprocher à l'armée, ni au pays. C'est l'armée qui pourrait lui reprocher la marche sur Sedan, sacrifice de l'intérêt national et militaire à un intérêt dynastique. Il en a écrit l'aveu. (1) Ce sont les Français qui peuvent reprocher aux Napoléon, trois invasions, bien des milliards perdus, et deux magnifiques provinces arrachées.

Le Maire. — Hélas ! Pour le passé vous avez raison ; mais auriez-vous raison dans l'avenir? Vous l'avez dit des monarchistes, une tradition défectueuse peut se transformer. Un troisième Empire oserait-il s'engager dans les mêmes voies imprudentes que les deux premiers ?

L'Electeur. — Il y serait forcé.

Le parti monarchique reconstitué renferme un élément moderne et libéral qui tôt ou tard aura sa part d'influence.

La tradition impériale, au contraire, se concentre plus que jamais dans la formule d'un souverain obtenant le pouvoir absolu au prix de la plus grande soumission aux volontés de la démocratie. On flatte, il est vrai, pour enchaîner. Mais les masses répandues surtout dans les villes sont capricieuses. Un jour le repos et la paix suffisent. Demain', la fièvre des utopies et des convoitises se sera de nouveau déclarée; il s'agira de bouleverser la société sous prétexte de la réformer,

____

(1) Lettre de l'Empereur Napoléon III à sir John Burgoyne.

Pour échapper à l'émeute et aux sommations fondées sur des promesses téméraires, la diversion d'une guerre sera nécessaire.

Le Maire. — Mais tout gouvernement peut se trouver obligé de résister à de folles exigences?

L'Electeur. — L'Empire seul ne saurait répondre aux voix qui lui crieraient :

Vengez les défaites que vous nous avez infligées. Votre origine est la gloire. Dissipez les ombres qui l'ont ternie.

Le Maire. — L'Empire fera entendre que l'occasion favorable n'existe pas, qu'il n'a pas d'alliances.

L'Electeur. — Depuis qu'il est souverain, le peuple n'attend pas.

Un gouvernement sera puissant contre les passions populaires s'il ne les a pas flattées, et s'il ne s'est pas placé dans l'alternative de les satisfaire ou de réparer ses anciennes fautes.

A cette condition, il pourra choisir son jour et son heure et dominer par sa prudence les effervescences de la nation.

Le Maire. — Le roi Louis-Philippe a résisté à des excitations belliqueuses. L'opposition n'en a-t-elle pas fait une arme puissante contre lui ?

L'Electeur. — Il a réussi à maintenir la paix ; on a reconnu depuis que le bon sens était de son côté.

Mais s'il avait alors dû faire contre l'Allemagne une guerre défensive, elle eut été sans doute heureuse ; car l'armée formée par ses généraux et par les princes ses fils est celle qui a vaincu la Russie en Crimée, s'est montrée la plus forte et a été la mieux commandée sous l'Empire.

Le Maire. — Supposons que l'Empire résiste à toutes les pressions de l'opinion.

L'Electeur. — Alors ce ne serait pas la peine de le rétablir. Il serait dès lors ébranlé.

Le Maire. — Admettons encore qu'il surmonte toutes les difficultés intérieures.

L'Electeur. — Voilà bien des hypothèses. Mais, passons, et revenons aux faits.

Dès son avénement, le danger de guerre menacerait l'Empire du dehors. Il ne serait pas seulement plus que tout autre gouvernement poussé et entraîné à attaquer, plus que tout autre, il serait exposé à être attaqué.

Il ne peut se présenter au pays avec quelque dignité, avec quelques chances de popularité, que s'il accepte l'obligation et exprime la résolution de réparer ses fautes et de laver ses injures et les nôtres. Que prudemment il tienne à l'Allemagne le langage le plus pacifique et qu'il s'explique envers la nation uniquement par son attitude, par ses préparatifs, ou par l'esprit de ses ministres ; peu importerait. Le moindre prétexte serait suffisant et il serait saisi. Le désir de prévenir notre relèvement militaire et de profiter de notre faiblesse pour nous accabler ne manque certes pas au prince de Bismarck. Ses mauvaises intentions ont failli au printemps dernier amener une agression.

Le Maire. — Les allemands savent qu'en France personne n'oubliera. Quel que soit le gouvernement, ils ont intérêt à ne pas nous laisser nous fortifier et attendre.

L'Electeur. — Certainement. Mais si un gouvernement auquel n'incombe pas la responsabilité de nos désastres proclame sa volonté de maintenir la paix et d'imposer silence aux voix indiscrètes, personne en Europe n'a le droit de suspecter sa sincérité. Or, telle est la situation, que la paix dépend de l'opinion européenne. Ce serait folie de donner à nos implacables ennemis l'occasion de faire valoir devant elle la tradition guerrière de notre gouvernement et ses obligations spéciales envers la nation française.

Le Maire. — Vous avez démontré que sur dix-huit années d'Empire il y en a eu dix ou douze consacrées à des guerres presque toutes inutiles ou funestes.

Vous dites que dans l'avenir la tradition du parti, ses obligations, ses engagements, présenteraient les plus grands dangers. Soit !

Mais en tout ceci vous ne tenez aucun compte du caractère, de la valeur du jeune prince héritier de l'Empereur Napoléon III.

L'Electeur. — Là dessus les renseignements diffèrent suivant leur origine. N'entrons pas dans des détails où l'on risque toujours de manquer aux convenances.

Le fait le plus certain, c'est qu'il a vingt ans. Quelle garantie trouverait-on chez un jeune homme obligé par la nature même des doctrines impériales à gouverner personnellement et à assumer toutes les responsabilités? Et puis il est seul de sa race et d'un moment à l'autre la France pourrait se trouver rejetée dans les changements de dynastie.

Le Maire. — Mais non. Il pourra avoir des descendants, et il a des parents.

L'Electeur. — Ne comptons pas le prince Napoléon, si vous voulez?

Le Maire. — Oh non, bien entendu.

L'Electeur. — La France et les bonapartistes eux-mêmes préféreraient qu'il n'existât pas, politiquement. Quant aux descendants l'argument pourra valoir plus tard. Mais nous raisonnons sur des faits acquis et non sur des hypothèses et des possibilités.

Le Maire. — Avec votre manière positive de raisonner vous arrivez à écarter tous les partis, à tenir à distance toutes les dynasties.

L'Electeur. — Parfaitement.

Le Maire. — Vous voulez donc nous lier définitivement à la République, alors qu'elle est bien loin d'avoir fait ses preuves et mérité des adhésions sans conditions.

L'Electeur. — Pas davantage.

Je sais que selon beaucoup de républicains absolus la République actuelle n'est pas la véritable. Ils en attendent une autre que la France ne veut à aucun prix. Et nous serions assez fous pour fermer derrière nous la porte de la maison et nous en faire une prison, alors que tant de républicains aux têtes et aux mains enflammées sont prêts à rallumer l'incendie!

Seulement j'applique ma méthode. Elle consiste à n'appuyer les solutions immédiates, actuelles, que sur des faits actuels, certains, indubitables.

La patrie est depuis trop longtemps livrée à des théories, à des systèmes, à des passions, à des sentiments.

Le Maire. — Trouveriez-vous dans la constitution du 25 février le dernier mot de la perfection ?

L'Electeur. — Elle vaudrait mieux si l'hérédité monarchique évitait les fréquentes mutations au sommet du pouvoir, les compétitions ambitieuses et les excitations populaires qui s'en suivent.

Elle a même bien d'autres défauts, puisqu'aucun parti n'en est satisfait. Mais ce qui ne fait les affaires particulières de personne, fait parfois celles de tous. Ce qui ne convient pas aux partis peut convenir à la patrie. Le gouvernement actuel n'est pas idéal, mais il est pratique.

Le Maire. — Je vous arrête. Est-il pratique de n'avoir devant soi que quatre années de repos et de sécurité ?

L'Electeur. — Si dans quatre ans, la France s'est trouvée heureuse, elle pourra renouveler le pacte gouvernemental sans trouble ni crise.

La révision fût-elle nécessaire ou demandée nous aurions en quatre années pour achever de guérir nos récentes blessures, reprendre nos esprits et bien peser nos résolutions.

Dans un pays agité où depuis quatre-vingts ans les gouvernements ont si peu duré, une période de quatre années d'apaisement et de sécurité n'est pas à dédaigner ; je dis plus : elle a été rare.

Le Maire. — Comment ! la Restauration, le gouvernement de juillet et l'Empire, ont duré plus de quatre ans.

L'Electeur. — Sans doute. Mais aussitôt établis ces gouvernements ont vu s'acharner contre eux les partis exclus par leur avénement.

La constitution du 25 février n'interdit pas l'espérance, et semble réserver l'avenir à qui aura le mieux mérité du pays.

Le Maire. — Justement. Cette porte ouverte va entretenir l'ardeur des partis.

L'Electeur. — Quand on leur dit : *Tout est fini pour vous,* il n'en est rien, ce mot les irrite, et ils s'évertuent à renverser les barrières.

Certes, ils ne vont pas s'endormir dans les délices de l'espérance qui leur est laissée. La trêve ne sera pas gardée. On se fera la guerre. Mais guerre de tactique et non de violence, autour du Maréchal, plutôt que contre lui. Il dépendra de lui, comme il le fait déjà avec impartialité, de modérer et de contenir les adversaires les uns par les autres.

Le Maire. — Vous l'avez avoué, tout mérite du gouvernement actuel sera une chance de plus au profit d'un établissement républicain définitif.

L'Electeur. — Un honnête homme ne poussera jamais au pis, dans l'espoir du mieux.

L'expérience est d'ailleurs contraire à ce procédé du fanatisme. On amène ainsi le mal plus grand qu'on redoute et non le bien plus grand qu'on désire.

Le mécanisme, que nous n'eussions pas choisi, doit fonctionner au mieux des intérêts du pays. Voilà ce qui importe. Ni vous ni moi ne voudrions qu'on nous reprochât de l'avoir entravé.

Et si après cette loyale épreuve, le pays réclame des garanties que la Constitution actuelle lui refuse, ce sera assurément parce qu'il en aura constaté les avantages et la nécessité.

Le Maire. — Mais d'où concluez-vous que les modifications constitutionnelles seraient demandées dans un sens conservateur plutôt que dans un autre ?

L'Electeur. — Avez-vous lu le programme et les discours de M. Naquet ? Les idées violentes et menaçantes regagneront bientôt, je le crains, le terrain qu'elles ont perdu.

Les républicains systématiques, même modérés, sont, pour la plupart exclusifs. Il ne suffira pas à leurs yeux d'adhérer à la Constitution du 25 février et à l'épreuve qui en est la conséquence.

Ainsi, par les uns les conservateurs seront avertis et effrayés, par les autres ils seront écartés du terrain politique.

C'en est assez pour souhaiter bientôt d'ajouter quelques garanties à un régime sous lequel des manifestations trop inquiétantes se produiraient, et qui refuserait à une partie honnête et éprouvée de la nation toute direction et tout contrôle de ses affaires.

Le Maire. — J'envisage les choses comme vous. Cependant je ne puis désirer que nos concitoyens se montrent sectaires ou imprévoyants pour nous donner raison.

Et cette fois, en cas de péril, nous verrions à quelles garanties durables demander notre salut. Je conviens qu'il serait désormais dangereux de se confier au parti impérialiste dont les aventures et les catastrophes militaires sont la tradition fatale, et qui n'a pu et ne pourrait nous offrir que des sauveurs de passage.

L'Electeur. — Vous vous décidez donc à remplir, suivant ces idées, le mandat de délégué, s'il vous est confié.

Le Maire. — Oui. Chacun de notre côté et pour notre part, nous aiderons le maréchal de Mac-Mahon dans son œuvre loyale et patriotique.

L'Electeur. — Et maintenant, vous ne me savez pas mauvais gré de cette discussion ?

Le Maire. — Mais non, puisqu'elle a été courtoise et que nous sommes tombés d'accord.

L'Electeur. — Il devrait en être toujours ainsi entre gens de bonne foi.

Le Maire. — Ce n'était pas, il est vrai, difficile entre nous; car je dois vous l'avouer maintenant, nous n'étions pas fort éloignés, et je vous ai souvent laissé parler pour savoir ce que vous pensiez.

L'Electeur. — Ah ! de ceci je pourrais me fâcher, mon cher Maire, si nous n'étions de trop anciens amis, et si je ne savais qu'en Normandie la finesse et la prudence ne gâtent en rien la bonté.

IXXII.